LA MORT DE CÉSAR

TRAGÉDIE en trois actes

VOLTAIRE

1743

LA MORT DE CÉSAR

PERSONNAGES

JULES CÉSAR, dictateur.
MARC-ANTOINE, consul.
JUNIUS BRUTUS, préteur.
CASSIUS, sénateur.
CIMBER, sénateur.
DÉCIME, sénateur.
DOLABELLA, sénateur.
CASCA, sénateur.
CINNA, sénateur.
LES ROMAINS.
LICTEURS.

La scène est à Rome, au Capitole.

ACTE I

SCÈNE I.
César, Antoine.

ANTOINE.

César, tu vas régner ; voici le jour auguste
Où le peuple romain, pour toi toujours injuste,
Changé par tes vertus, va reconnaître en toi
Son vainqueur, son appui, son vengeur, et son roi.
5 Antoine, tu le sais, ne connaît point l'envie :
J'ai chéri plus que toi la gloire de ta vie ;
J'ai préparé la chaîne où tu mets les Romains,
Content d'être sous toi le second des humains ;
Plus fier de t'attacher ce nouveau diadème,
10 Plus grand de te servir que de régner moi-même.
Quoi ! Tu ne me réponds que par de longs soupirs !
Ta grandeur fait ma joie et fait tes déplaisirs !
Roi de Rome et du monde, est-ce à toi de te plaindre ?
César peut-il gémir, ou César peut-il craindre ?
15 Qui peut à ta grande âme inspirer la terreur ?

CÉSAR.

L'amitié, cher Antoine : il faut t'ouvrir mon coeur.
Tu sais que je te quitte, et le destin m'ordonne
De porter nos drapeaux aux champs de Babylone.
Je pars, et vais venger sur le Parthe inhumain
20 La honte de Crassus et du peuple romain.
L'aigle des légions, que je retiens encore,
Demande à s'envoler vers les mers du Bosphore ;
Et mes braves soldats n'attendent pour signal
Que de revoir mon front ceint du bandeau royal.
25 Peut-être avec raison César peut entreprendre
D'attaquer un pays qu'a soumis Alexandre ;
Peut-être les Gaulois, Pompée, et les Romains,
Valent bien les Persans subjugués par ses mains :
J'ose au moins le penser ; et ton ami se flatte
30 Que le vainqueur du Rhin peut l'être de l'Euphrate.
Mais cet espoir m'anime et ne m'aveugle pas ;
Le sort peut se lasser de marcher sur mes pas ;
La plus haute sagesse en est souvent trompée :
Il peut quitter César, ayant trahi Pompée ;
35 Et, dans les factions comme dans les combats,
Du triomphe à la chute il n'est souvent qu'un pas.

J'ai servi, commandé, vaincu, quarante années ;
Du monde entre mes mains j'ai vu les destinées ;
Et j'ai toujours connu qu'en chaque événement
40 Le destin des États dépendait d'un moment.
Quoi qu'il puisse arriver, mon coeur n'a rien à craindre,
Je vaincrai sans orgueil, ou mourrai sans me plaindre.
Mais j'exige en partant, de ta tendre amitié,
Qu'Antoine à mes enfants soit pour jamais lié ;
45 Que Rome par mes mains défendue et conquise,
Que la terre à mes fils, comme à toi, soit soumise ;
Et qu'emportant d'ici le grand titre de roi,
Mon sang et mon ami le prennent après moi.
Je te laisse aujourd'hui ma volonté dernière ;
50 Antoine, à mes enfants il faut servir de père.
Je ne veux point de toi demander des serments,
De la foi des humains sacrés et vains garants ;
Ta promesse suffit, et je la crois plus pure
Que les autels des dieux entourés du parjure.

ANTOINE.

55 C'est déjà pour Antoine une assez dure loi
Que tu cherches la guerre et le trépas sans moi,
Et que ton intérêt m'attache à l'Italie
Quand la gloire t'appelle aux bornes de l'Asie ;
Je m'afflige encor plus de voir que ton grand coeur
60 Doute de sa fortune, et présage un malheur :
Mais je ne comprends point ta bonté qui m'outrage.
César, que me dis-tu de tes fils, de partage ?
Tu n'as de fils qu'Octave, et nulle adoption
N'a d'un autre César appuyé ta maison.

CÉSAR.

65 Il n'est plus temps, ami, de cacher l'amertume
Dont mon coeur paternel en secret se consume :
Octave n'est mon sang qu'à la faveur des lois ;
Je l'ai nommé César, il est fils de mon choix :
Le destin (dois-je dire ou propice, ou sévère ?)
70 D'un véritable fils en effet m'a fait père ;
D'un fils que je chéris, mais qui, pour mon malheur,
A ma tendre amitié répond avec horreur.

ANTOINE.

Et quel est cet enfant ? Quel ingrat peut-il être
Si peu digne du sang dont les dieux l'ont fait naître ?

CÉSAR.

75 Écoute : tu connais ce malheureux Brutus,
Dont Caton cultiva les farouches vertus.
De nos antiques lois ce défenseur austère,
Ce rigide ennemi du pouvoir arbitraire,
Qui toujours contre moi, les armes à la main,
80 De tous mes ennemis a suivi le destin ;
Qui fut mon prisonnier aux champs de Thessalie ;
A qui j'ai malgré lui sauvé deux fois la vie ;
Né, nourri loin de moi chez mes fiers ennemis...

ANTOINE.

Brutus ! il se pourrait...

CÉSAR.

Ne m'en crois pas ; tiens, lis.

ANTOINE.

85 Dieux ! La soeur de Caton, la fière Servilie !

CÉSAR.

Par un hymen secret elle me fut unie.
Ce farouche Caton, dans nos premiers débats,
La fit presque à mes yeux passer en d'autres bras :
Mais le jour qui forma ce second hyménée
90 De son nouvel époux trancha la destinée.
Sous le nom de Brutus mon fils fut élevé.
Pour me haïr, ô ciel ! était-il réservé ?
Mais lis : tu sauras tout par cet écrit funeste.

ANTOINE, lit.

« César, je vais mourir. La colère céleste
95 Va finir à la fois ma vie et mon amour.
Souviens-toi qu'à Brutus César donna le jour.
Adieu : puisse ce fils éprouver pour son père
L'amitié qu'en mourant te conservait sa mère ! »

Sevilie.

Quoi ! Faut-il que du sort la tyrannique loi,
100 César, te donne un fils si peu semblable à toi !

CÉSAR.

Il a d'autres vertus : son superbe courage
Flatte en secret le mien, même alors qu'il l'outrage.
Il m'irrite, il me plaît ; son coeur indépendant
Sur mes sens étonnés prend un fier ascendant.
105 Sa fermeté m'impose, et je l'excuse même
De condamner en moi l'autorité suprême :
Soit qu'étant homme et père, un charme séducteur,
L'excusant à mes yeux, me trompe en sa faveur ;
Soit qu'étant né Romain, la voix de ma patrie
110 Me parle malgré moi contre ma tyrannie,
Et que la liberté que je viens d'opprimer,
Plus forte encor que moi, me condamne à l'aimer.
Te dirai-je encor plus ? Si Brutus me doit l'être,
S'il est fils de César, il doit haïr un maître.
115 J'ai pensé comme lui dès mes plus jeunes ans ;
J'ai détesté Sylla, j'ai haï les tyrans.
J'eusse été citoyen si l'orgueilleux Pompée
N'eût voulu m'opprimer sous sa gloire usurpée.
Né fier, ambitieux, mais né pour les vertus,
120 Si je n'étais César, j'aurais été Brutus.
Tout homme à son état doit plier son courage.

Brutus tiendra bientôt un différent langage,
Quand il aura connu de quel sang il est né.
Crois-moi, le diadème, à son front destiné,
125 Adoucira dans lui sa rudesse importune ;
Il changera de moeurs en changeant de fortune.
La nature, le sang, mes bienfaits, tes avis,
Le devoir, l'intérêt, tout me rendra mon fils.

ANTOINE.

J'en doute, je connais sa fermeté farouche :
130 La secte dont il est n'admet rien qui la touche.
Cette secte intraitable, et qui fait vanité
D'endurcir les esprits contre l'humanité,
Qui dompte et foule aux pieds la nature irritée,
Parle seule à Brutus, et seule est écoutée.
135 Ces préjugés affreux, qu'ils appellent devoir,
Ont sur ces coeurs de bronze un absolu pouvoir.
Caton même, Caton, ce malheureux stoïque,
Ce héros forcené, la victime d'Utique,
Qui, fuyant un pardon qui l'eût humilié,
140 Préféra la mort même à ta tendre amitié ;
Caton fut moins altier, moins dur, et moins à craindre
Que l'ingrat qu'à t'aimer ta bonté veut contraindre.

CÉSAR.

Cher ami, de quels coups tu viens de me frapper !
Que m'as-tu dit ?

ANTOINE.

Je t'aime, et ne te puis tromper.

CÉSAR.

145 Le temps amollit tout.

ANTOINE.

Mon coeur en désespère.

CÉSAR.

Quoi ! sa haine...

ANTOINE.

Crois-moi.

CÉSAR.

N'importe, je suis père.
J'ai chéri, j'ai sauvé mes plus grands ennemis :
Je veux me faire aimer de Rome et de mon fils ;
Et, conquérant des coeurs vaincus par ma clémence,
150 Voir la terre et Brutus adorer ma puissance.
C'est à toi de m'aider dans de si grands desseins :
Tu m'as prêté ton bras pour dompter les humains ;
Dompte aujourd'hui Brutus, adoucis son courage,
Prépare par degrés cette vertu sauvage
155 Au secret important qu'il lui faut révéler,

Et dont mon coeur encore hésite à lui parler.

ANTOINE.

Je ferai tout pour toi ; mais j'ai peu d'espérance.

SCÈNE II.
César, Antoine, Dolabella.

DOLABELLA.

César, les sénateurs attendent audience ;
À ton ordre suprême ils se rendent ici.

CÉSAR.

160 Ils ont tardé longtemps... Qu'ils entrent.

ANTOINE.

Les voici.
Que je lis sur leur front de dépit et de haine !

SCÈNE III.
César, Antoine, Brutus, Cassius, Cimber, Décime, Cinna, Casca, etc. ; Licteurs.

Les sénateurs sortent.

CÉSAR assis.

Venez, dignes soutiens de la grandeur romaine,
Compagnons de César. Approchez, Cassius,
Cimber, Cinna, Décime, et toi, mon cher Brutus.
165 Enfin voici le temps, si le ciel me seconde,
Où je vais achever la conquête du monde,
Et voir dans l'Orient le trône de Cyrus
Satisfaire, en tombant, aux mânes de Crassus.
Il est temps d'ajouter, par le droit de la guerre,
170 Ce qui manque aux Romains des trois parts de la terre :
Tout est prêt, tout prévu pour ce vaste dessein ;
L'Euphrate attend César, et je pars dès demain.
Brutus et Cassius me suivront en Asie ;
Antoine retiendra la Gaule et l'Italie ;
175 De la mer Atlantique et des bords du Bétis,
Cimber gouvernera les rois assujettis ;
Je donne à Marcellus la Grèce et la Lycie,
A Décime le Pont, à Casca la Syrie.
Ayant ainsi réglé le sort des nations,
180 Et laissant Rome heureuse et sans divisions,
Il ne reste au sénat qu'à juger sous quel titre
De Rome et des humains je dois être l'arbitre.
Sylla fut honoré du nom de dictateur ;
Marius fut consul, et Pompée empereur.
185 J'ai vaincu ce dernier, et c'est assez vous dire

Qu'il faut un nouveau nom pour un nouvel empire,
Un nom plus grand, plus saint, moins sujet aux revers,
Autrefois craint dans Rome, et cher à l'univers.
Un bruit trop confirmé se répand sur la terre,
190 Qu'en vain Rome aux Persans ose faire la guerre ;
Qu'un roi seul peut les vaincre et leur donner la loi :
César va l'entreprendre, et César n'est pas roi ;
Il n'est qu'un citoyen connu par ses services,
Qui peut du peuple encore essuyer les caprices...
195 Romains, vous m'entendez, vous savez mon espoir ;
Songez à mes bienfaits, songez à mon pouvoir.

CIMBER.

César, il faut parler. Ces sceptres, ces couronnes,
Ce fruit de nos travaux, l'univers que tu donnes,
Seraient, aux yeux du peuple et du sénat jaloux,
200 Un outrage à l'État : plus qu'un bienfait pour nous.
Marius, ni Sylla, ni Carbon, ni Pompée,
Dans leur autorité sur le peuple usurpée,
N'ont jamais prétendu disposer à leur choix
Des conquêtes de Rome, et nous parler en rois.
205 César, nous attendions de ta clémence auguste
Un don plus précieux, une faveur plus juste,
Au-dessus des États donnés par ta bonté...

CÉSAR.

Qu'oses-tu demander, Cimber ?

CIMBER.

La liberté.

CASSIUS.

Tu nous l'avais promise, et tu juras toi-même
210 D'abolir pour jamais l'autorité suprême ;
Et je croyais toucher à ce moment heureux
Où le vainqueur du monde allait combler nos voeux.
Fumante de son sang, captive, désolée,
Rome dans cet espoir renaissait consolée.
215 Avant que d'être à toi nous sommes ses enfants :
Je songe à ton pouvoir ; mais songe à tes serments.

BRUTUS.

Oui, que César soit grand ; mais que Rome soit libre.
Dieux ! maîtresse de l'Inde, esclave au bord du Tibre !
Qu'importe que son nom commande à l'univers,
220 Et qu'on l'appelle reine, alors qu'elle est aux fers ?
Qu'importe à ma patrie, aux Romains que tu braves,
D'apprendre que César a de nouveaux esclaves ?
Les Persans ne sont pas nos plus fiers ennemis ;
Il en est de plus grands. Je n'ai point d'autre avis.

CÉSAR.

225 Et toi, Brutus, aussi !

ANTOINE, à César.

Tu connais leur audace :
Vois si ces coeurs ingrats sont dignes de leur grâce.

CÉSAR.

Ainsi vous voulez donc, dans vos témérités,
Tenter ma patience et lasser mes bontés ?
Vous qui m'appartenez par le droit de l'épée,
230   Rampants sous Marius, esclaves de Pompée ;
Vous qui ne respirez qu'autant que mon courroux,
Retenu trop longtemps, s'est arrêté sur vous :
Républicains ingrats, qu'enhardit ma clémence,
Vous qui devant Sylla garderiez le silence ;
235   Vous que ma bonté seule invite à m'outrager,
Sans craindre que César s'abaisse à se venger.
Voilà ce qui vous donne une âme assez hardie
Pour oser me parler de Rome et de patrie ;
Pour affecter ici cette illustre hauteur
240   Et ces grands sentiments devant votre vainqueur.
Il les fallait avoir aux plaines de Pharsale.
La fortune entre nous devient trop inégale :
Si vous n'avez su vaincre, apprenez à servir.

BRUTUS.

César, aucun de nous n'apprendra qu'à mourir.
245   Nul ne m'en désavoue, et nul, en Thessalie,
N'abaissa son courage à demander la vie.
Tu nous laissas le jour, mais pour nous avilir ;
Et nous le détestons, s'il te faut obéir.
César, qu'à ta colère aucun de nous n'échappe ;
250   Commence ici par moi : si tu veux régner, frappe.

CÉSAR.

Écoute... Et vous, sortez. Brutus m'ose offenser !
Mais sais-tu de quels traits tu viens de me percer ?
Va, César est bien loin d'en vouloir à ta vie.
Laisse là du sénat l'indiscrète furie ;
255   Demeure, c'est toi seul qui peux me désarmer ;
Demeure, c'est toi seul que César veut aimer.

BRUTUS.

Tout mon sang est à toi, si tu tiens ta promesse ;
Si tu n'es qu'un tyran, j'abhorre ta tendresse ;
Et je ne peux rester avec Antoine et toi,
260   Puisqu'il n'est plus Romain, et qu'il demande un roi.

SCÈNE IV.
César, Antoine.

ANTOINE.

Eh bien ! t'ai-je trompé ? Crois-tu que la nature
Puisse amollir une âme et si fière et si dure ?
Laisse, laisse à jamais dans son obscurité
Ce secret malheureux qui pèse à ta bonté.
265 Que de Rome, s'il veut, il déplore la chute ;
Mais qu'il ignore au moins quel sang il persécute :
Il ne mérite pas de te devoir le jour.
Ingrat à tes bontés, ingrat à ton amour,
Renonce-le pour fils.

CÉSAR.

Je ne le puis : je l'aime.

ANTOINE.

270 Ah ! cesse donc d'aimer l'éclat du diadème,
Descends donc de ce rang où je te vois monté
La bonté convient mal à ton autorité ;
De ta grandeur naissante elle détruit l'ouvrage.
Quoi ! Rome est sous tes lois, et Cassius t'outrage !
275 Quoi ! Cimber, quoi ! Cinna, ces obscurs sénateurs,
Aux yeux du roi du monde affectent ces hauteurs !
Ils bravent ta puissance, et ces vaincus respirent !

CÉSAR.

Ils sont nés mes égaux, mes armes les vainquirent.
Et, trop au-dessus d'eux, je leur puis pardonner
280 De frémir sous le joug que je veux leur donner.

ANTOINE.

Marius de leur sang eût été moins avare ;
Sylla les eût punis.

CÉSAR.

Sylla fut un barbare ;
Il n'a su qu'opprimer : le meurtre et la fureur
Faisaient sa politique ainsi que sa grandeur :
285 Il a gouverné Rome au milieu des supplices ;
Il en était l'effroi, j'en serai les délices.
Je sais quel est le peuple : on le change en un jour ;
Il prodigue aisément sa haine et son amour.
Si ma grandeur l'aigrit, ma clémence l'attire.
290 Un pardon politique à qui ne peut me nuire,
Dans mes chaînes qu'il porte un air de liberté,
Ont ramené vers moi sa faible volonté.
Il faut couvrir de fleurs l'abîme où je l'entraîne,
Flatter encor ce tigre à l'instant qu'on l'enchaîne,
295 Lui plaire en l'accablant, l'asservir, le charmer,
Et punir mes rivaux en me faisant aimer.

ANTOINE.

Il faudrait être craint : C'est ainsi que l'on règne.

CÉSAR.

Va, ce n'est qu'aux combats que je veux qu'on me craigne.

ANTOINE.

Le peuple abusera de ta facilité.

CÉSAR.

300 Le peuple a jusqu'ici consacré ma bonté :
Vois ce temple que Rome élève à la Clémence.

ANTOINE.

Crains qu'elle n'en élève un autre à la Vengeance ;
Crains des coeurs ulcérés, nourris de désespoir,
Idolâtres de Rome, et cruels par devoir.
305 Cassius alarmé prévoit qu'en ce jour même
Ma main doit sur ton front mettre le diadème :
Déjà même à tes yeux on ose en murmurer.
Des plus impétueux tu devrais t'assurer ;
A prévenir leurs coups daigne au moins te contraindre.

CÉSAR.

310 Je les aurais punis si je les pouvais craindre.
Ne me conseille point de me faire haïr.
Je sais combattre, vaincre, et ne sais point punir.
Allons ; et, n'écoutant ni soupçon ni vengeance,
Sur l'univers soumis régnons sans violence.

ACTE II

SCÈNE I.
Brutus, Antoine, Dolabella

ANTOINE.

315 Ce superbe refus, cette animosité,
Marquent moins de vertu que de férocité.
Les bontés de César, et surtout sa puissance,
Méritaient plus d'égards et plus de complaisance :
A lui parler du moins vous pourriez consentir.
320 Vous ne connaissez pas qui vous osez haïr ;
Et vous en frémiriez si vous pouviez apprendre...

BRUTUS.

Ah ! je frémis déjà ; mais c'est de vous entendre.
Ennemi des Romains, que vous avez vendus,
Pensez-vous, ou tromper, ou corrompre Brutus ?
325 Allez ramper sans moi sous la main qui vous brave ;
Je sais tous vos desseins, vous brûlez d'être esclave ;
Vous voulez un monarque, et vous êtes Romain !

ANTOINE.

Je suis ami, Brutus, et porte un coeur humain ;
Je ne recherche point une vertu plus rare.
330 Tu veux être un héros, va, tu n'es qu'un barbare ;
Et ton farouche orgueil, que rien ne peut fléchir,
Embrassa la vertu pour la faire haïr.

SCÈNE II.

BRUTUS.

Quelle bassesse, ô ciel ! et quelle ignominie !
Voilà donc les soutiens de ma triste patrie !
335 Voilà vos successeurs, Horace, Décius,
Et toi vengeur des lois, toi, mon sang, toi, Brutus !
Quels restes, justes dieux, de la grandeur romaine !
Chacun baise en tremblant la main qui nous enchaîne.
César nous a ravi jusques à nos vertus ;
340 Et je cherche ici Rome, et ne la trouve plus.
Vous que j'ai vus périr, vous, immortels courages,
Héros, dont en pleurant j'aperçois les images,
Famille de Pompée, et toi, divin Caton,
Toi, dernier des héros du sang de Scipion,
345 Vous ranimez en moi ces vives étincelles
Des vertus dont brillaient vos âmes immortelles ;
Vous vivez dans Brutus, vous mettez dans mon sein
Tout l'honneur qu'un tyran ravit au nom romain.
Que vois-je, grand Pompée, au pied de ta statue ?
350 Quel billet, sous mon nom, se présente à ma vue ?
Lisons : « Tu dors, Brutus, et Rome est dans les fers ! »
Rome, mes yeux sur toi seront toujours ouverts ;
Ne me reproche point des chaînes que j'abhorre.
Mais quel autre billet à mes yeux s'offre encore ?
355 « Non, tu n'es pas Brutus ! » Ah ! reproche cruel !
César ! tremble, tyran ! Voilà ton coup mortel.
« Non, tu n'es pas Brutus ! » Je le suis, je veux l'être.
Je périrai, Romains, ou vous serez sans maître.
Je vois que Rome encore a des coeurs vertueux :
360 On demande un vengeur, on a sur moi les yeux ;
On excite cette âme, et cette main trop lente ;
On demande du sang... Rome sera contente.

SCÈNE III.

Brutus, Cassius, Cinna, Casca, Décime, suite.

CASSIUS.

Je t'embrasse, Brutus, pour la dernière fois.
Amis, il faut tomber sous les débris des lois.
365 De César désormais je n'attends plus de grâce ;
Il sait mes sentiments, il connaît notre audace.
Notre âme incorruptible étonne ses desseins ;
Il va perdre dans nous les derniers des Romains.
C'en est fait, mes amis, il n'est plus de patrie,
370 Plus d'honneur, plus de lois ; Rome est anéantie :
De l'univers et d'elle il triomphe aujourd'hui ;
Nos imprudents aïeux n'ont vaincu que pour lui.
Ces dépouilles des rois, ce sceptre de la terre,
Six cents ans de vertus, de travaux, et de guerre
375 César jouit de tout, et dévore le fruit
Que six siècles de gloire à peine avaient produit.
Ah, Brutus ! es-tu né pour servir sous un maître ?
La liberté n'est plus.

BRUTUS.

              Elle est prête à renaître.

CASSIUS.

Que dis-tu ? Mais quel bruit vient frapper mes esprits ?

BRUTUS.

380 Laisse là ce vil peuple, et ses indignes cris.

CASSIUS.

La liberté, dis-tu ?... Mais quoi... le bruit redouble.

SCÈNE IV.

Brutus, Cassieus, Cimber, Décime.

CASSIUS.

Ah ! Cimber, est-ce toi ? Parle, quel est ce trouble ?

DÉCIME.

Trame-t-on contre Rome un nouvel attentat ?
Qu'a-t-on fait ? qu'as-tu vu ?

CIMBER.

La honte de l'État.

385 César était au temple, et cette fière idole
Semblait être le dieu qui tonne au Capitole.
C'est là qu'il annonçait son superbe dessein
D'aller joindre la Perse à l'empire romain.
On lui donnait les noms de Foudre de la guerre,
390 De Vengeur des Romains, de Vainqueur de la terre :
Mais, parmi tant d'éclat, son orgueil imprudent
Voulait un autre titre, et n'était pas content.
Enfin, parmi ces cris et ces chants d'allégresse,
Du peuple qui l'entoure Antoine fend la presse :
395 Il entre : ô honte ! ô crime indigne d'un Romain !
Il entre, la couronne et le sceptre à la main.
On se tait, on frémit ; lui, sans que rien l'étonne,
Sur le front de César attache la couronne,
Et soudain, devant lui se mettant à genoux :
400 « César, règne, dit-il, sur la terre et sur nous. »
Des Romains, à ces mots, les visages palissent ;
De leurs cris douloureux les voûtes retentissent ;
J'ai vu des citoyens s'enfuir avec horreur,
D'autres rougir de honte et pleurer de douleur.
405 César, qui cependant lisait sur leur visage
De l'indignation l'éclatant témoignage,
Feignant des sentiments longtemps étudiés,
Jette et sceptre et couronne, et les foule à ses pieds.
Alors tout se croit libre, alors tout est en proie
410 Au fol enivrement d'une indiscrète joie.
Antoine est alarmé ; César feint et rougit ;
Plus il cèle son trouble, et plus on l'applaudit ;
La modération sert de voile à son crime ;
Il affecte à regret un refus magnanime.
415 Mais, malgré ses efforts, il frémissait tout bas
Qu'on applaudît en lui les vertus qu'il n'a pas.
Enfin, ne pouvant plus retenir sa colère,
Il sort du Capitole avec un front sévère ;
Il veut que dans une heure on s'assemble au sénat.
420 Dans une heure, Brutus, César change l'État.
De ce sénat sacré la moitié corrompue,
Ayant acheté Rome, à César l'a vendue ;
Plus lâche que ce peuple à qui, dans son malheur,
Le nom de roi du moins fait toujours quelque horreur.
425 César, déjà trop roi, veut encor la couronne :

Le peuple la refuse, et le sénat la donne.
Que faut-il faire enfin, héros qui m'écoutez ?

CASSIUS.

Mourir, finir des jours dans l'opprobre comptés.
J'ai traîné les liens de mon indigne vie
430 Tant qu'un peu d'espérance a flatté ma patrie ;
Voici son dernier jour, et du moins Cassius
Ne doit plus respirer lorsque l'État n'est plus.
Pleure qui voudra Rome, et lui reste fidèle ;
Je ne peux la venger, mais j'expire avec elle.

En regardant leurs statues.

435 Je vais où sont nos dieux... Pompée et Scipion,
Il est temps de vous suivre, et d'imiter Caton.

BRUTUS.

Non, n'imitons personne, et servons tous d'exemple ;
C'est nous, braves amis, que l'univers contemple ;
C'est à nous de répondre à l'admiration
440 Que Rome en expirant conserve à notre nom.
Si Caton m'avait cru, plus juste en sa furie,
Sur César expirant il eût perdu la vie ;
Mais il tourna sur soi ses innocentes mains ;
Sa mort fut inutile au bonheur des humains.
445 Faisant tout pour la gloire, il ne fit rien pour Rome ;
Et c'est la seule faute où tomba ce grand homme.

CASSIUS.

Que veux-tu donc qu'on fasse en un tel désespoir ?

BRUTUS, montrant le billet.

Voilà ce qu'on m'écrit, voilà notre devoir.

CASSIUS.

On m'en écrit autant, j'ai reçu ce reproche.

BRUTUS.

450 C'est trop le mériter.

CIMBER.

               L'heure fatale approche.
Dans une heure un tyran détruit le nom romain.

BRUTUS.

Dans une heure à César il faut percer le sein.

CASSIUS.

Ah ! je te reconnais à cette noble audace.

DÉCIME.

Ennemi des tyrans, et digne de ta race,
455 Voilà les sentiments que j'avais dans mon coeur.

CASSIUS.

Tu me rends à moi-même, et je t'en dois l'honneur ;
C'est là ce qu'attendaient ma haine et ma colère
De la mâle vertu qui fait ton caractère.
C'est Rome qui t'inspire en des desseins si grands :
460   Ton nom seul est l'arrêt de la mort des tyrans.
Lavons, mon cher Brutus, l'opprobre de la terre ;
Vengeons ce Capitole, au défaut du tonnerre.
Toi, Cimber ; toi, Cinna ; vous, Romains indomptés,
Avez-vous une autre âme et d'autres volontés ?

CIMBER.

465   Nous pensons comme toi, nous méprisons la vie :
Nous détestons César, nous aimons la patrie ;
Nous la vengerons tous : Brutus et Cassius
De quiconque est Romain raniment les vertus.

DÉCIME.

Nés juges de l'État, nés les vengeurs du crime,
470   C'est souffrir trop longtemps la main qui nous opprime ;
Et quand sur un tyran nous suspendons nos coups,
Chaque instant qu'il respire est un crime pour nous.

CIMBER.

Admettons-nous quelque autre à ces honneurs suprêmes ?

BRUTUS.

Pour venger la patrie il suffit de nous-mêmes.
475   Dolabella, Lépide, Émile, Bibulus,
Ou tremblent sous César, ou bien lui sont vendus.
Cicéron, qui d'un traître a puni l'insolence,
Ne sert la liberté que par son éloquence :
Hardi dans le sénat, faible dans le danger,
480   Fait pour haranguer Rome, et non pour la venger,
Laissons à l'orateur qui charme sa patrie
Le soin de nous louer quand nous l'aurons servie.
Non, ce n'est qu'avec vous que je veux partager
Cet immortel honneur et ce pressant danger.
485   Dans une heure au sénat le tyran doit se rendre :
Là, je le punirai ; là, je le veux surprendre ;
Là, je veux que ce fer, enfoncé dans son sein,
Venge Caton, Pompée, et le peuple romain.
C'est hasarder beaucoup. Ses ardents satellites
490   Partout du Capitole occupent les limites ;
Ce peuple mou, volage, et facile à fléchir,
Ne sait s'il doit encor l'aimer ou le haïr.
Notre mort, mes amis, paraît inévitable ;
Mais qu'une telle mort est noble et désirable !
495   Qu'il est beau de périr dans des desseins si grands !
De voir couler son sang dans le sang des tyrans !
Qu'avec plaisir alors on voit sa dernière heure !
Mourons, braves amis, pourvu que César meure,
Et que la liberté, qu'oppriment ses forfaits,
500   Renaisse de sa cendre, et revive à jamais.

CASSIUS.

Ne balançons donc plus, courons au Capitole :
C'est là qu'il nous opprime, et qu'il faut qu'on l'immole.
Ne craignons rien du peuple, il semble encor douter ;
Mais si l'idole tombe, il va la détester.

BRUTUS.

505 Jurez donc avec moi, jurez sur cette épée,
Par le sang de Caton, par celui de Pompée,
Par les mânes sacrés de tous ces vrais Romains
Qui dans les champs d'Afrique ont fini leurs destins ;
Jurez par tous les dieux, vengeurs de la patrie,
510 Que César sous vos coups va terminer sa vie.

CASSIUS.

Faisons plus, mes amis ; jurons d'exterminer
Quiconque ainsi que lui prétendra gouverner :
Fussent nos propres fils, nos frères ou nos pères ;
S'ils sont tyrans, Brutus, ils sont nos adversaires.
515 Un vrai républicain n'a pour père et pour fils
Que la vertu, les dieux, les lois, et son pays.

BRUTUS.

Oui, j'unis pour jamais mon sang avec le vôtre,
Tous dès ce moment même adoptés l'un par l'autre,
Le salut de l'État nous a rendus parents.
520 Scellons notre union du sang de nos tyrans.

Il s'avance vers la statue de Pompée.

Nous le jurons par vous, héros, dont les images
À ce pressant devoir excitent nos courages ;
Nous promettons, Pompée, à tes sacrés genoux,
De faire tout pour Rome, et jamais rien pour nous ;
525 D'être unis pour l'État, qui dans nous se rassemble ;
De vivre, de combattre, et de mourir ensemble.
Allons, préparons-nous : c'est trop nous arrêter.

SCÈNE V.
Cécar, Brutus.

CÉSAR.
Demeure, c'est ici que tu dois m'écouter.
Où vas-tu, malheureux ?

BRUTUS.
                              Loin de la tyrannie.

CÉSAR.
530 Licteurs, qu'on le retienne.

BRUTUS.
                          Achève, et prends ma vie.

CÉSAR.
Brutus, si ma colère en voulait à tes jours,
Je n'aurais qu'à parler, j'aurais fini leur cours.
Tu l'as trop mérité. Ta fière ingratitude
Se fait de m'offenser une farouche étude.
535 Je te retrouve encore avec ceux des Romains
Dont j'ai plus soupçonné les perfides desseins ;
Avec ceux qui tantôt ont osé me déplaire,
Ont blâmé ma conduite, ont bravé ma colère.

BRUTUS.
Ils parlaient en Romains, César ; et leurs avis,
540 Si les dieux t'inspiraient, seraient encor suivis.

CÉSAR.
Je souffre ton audace, et consens à t'entendre :
De mon rang avec toi je me plais à descendre.
Que me reproches-tu ?

BRUTUS.
                          Le monde ravagé,
Le sang des nations, ton pays saccagé ;
545 Ton pouvoir, tes vertus, qui font tes injustices,
Qui de tes attentats sont en toi les complices ;
Ta funeste bonté, qui fait aimer tes fers,
Et qui n'est qu'un appât pour tromper l'univers.

CÉSAR.
Ah ! c'est ce qu'il fallait reprocher à Pompée :
550 Par sa feinte vertu la tienne fut trompée.
Ce citoyen superbe, à Rome plus fatal,
N'a pas même voulu César pour son égal.
Crois-tu, s'il m'eût vaincu, que cette âme hautaine
Eût laissé respirer la liberté romaine ?

555 Sous un joug despotique il t'aurait accablé.
Qu'eût fait Brutus alors ?

BRUTUS.

Brutus l'eût immolé.

CÉSAR.

Voilà donc ce qu'enfin ton grand coeur me destine !
Tu ne t'en défends point. Tu vis pour ma ruine,
Brutus !

BRUTUS.

Si tu le crois, préviens donc ma fureur.
560 Qui peut te retenir ?

CÉSAR, lui présentant la lettre de Servilie.

La nature et mon coeur.
Lis, ingrat, lis ; connais le sang que tu m'opposes ;
Vois qui tu peux haïr, et poursuis si tu l'oses.

BRUTUS.

Où suis-je ? Qu'ai-je lu ? Me trompez-vous, mes yeux ?

CÉSAR.

Eh bien ! Brutus, mon fils !

BRUTUS.

Lui, mon père ! grands dieux !

CÉSAR.

565 Oui, je le suis, ingrat ! Quel silence farouche !
Que dis-je ? Quels sanglots échappent de ta bouche ?
Mon fils... Quoi ! Je te tiens muet entre mes bras !
La nature t'étonne, et ne t'attendrit pas !

BRUTUS.

Ô sort épouvantable, et qui me désespère !
570 Ô serments ! Ô patrie ! Ô Rome toujours chère !
César !... Ah, malheureux ! j'ai trop longtemps vécu.

CÉSAR.

Parle. Quoi ! D'un remords ton coeur est combattu !
Ne me déguise rien. Tu gardes le silence !
Tu crains d'être mon fils ; ce nom sacré t'offense :
575 Tu crains de me chérir, de partager mon rang ;
C'est un malheur pour toi d'être né de mon sang !
Ah ! ce sceptre du monde, et ce pouvoir suprême,
Ce César, que tu hais, les voulait pour toi-même.
Je voulais partager, avec Octave et toi,
580 Le prix de cent combats, et le titre de roi.

BRUTUS.

Ah, dieux !

CÉSAR.

Tu veux parler, et te retiens à peine !
Ces transports sont-ils donc de tendresse ou de haine ?
Quel est donc le secret qui semble t'accabler ?

BRUTUS.

César...

CÉSAR.

Eh bien ! mon fils ?

BRUTUS.

Je ne puis lui parler.

CÉSAR.

585   Tu n'oses me nommer du tendre nom de père ?

BRUTUS.

Si tu l'es, je te fais une unique prière.

CÉSAR.

Parle : en te l'accordant, je croirai tout gagner.

BRUTUS.

Fais-moi mourir sur l'heure, ou cesse de régner.

CÉSAR.

Ah ! Barbare ennemi, tigre que je caresse !
590   Ah ! Coeur dénaturé qu'endurcit ma tendresse !
Va, tu n'es plus mon fils. Va, cruel citoyen,
Mon coeur désespéré prend l'exemple du tien :
Ce coeur, à qui tu fais cette effroyable injure,
Saura bien comme toi vaincre enfin la nature.
595   Va, César n'est pas fait pour te prier en vain ;
J'apprendrai de Brutus à cesser d'être humain :
Je ne te connais plus. Libre dans ma puissance,
Je n'écouterai plus une injuste clémence.
Tranquille, à mon courroux je vais m'abandonner ;
600   Mon coeur trop indulgent est las de pardonner.
J'imiterai Sylla, mais dans ses violences ;
Vous tremblerez, ingrats, au bruit de mes vengeances.
Va, cruel, va trouver tes indignes amis :
Tous m'ont osé déplaire, ils seront tous punis.
605   On sait ce que je puis, on verra ce que j'ose :
Je deviendrai barbare, et toi seul en es cause.

BRUTUS.

Ah ! ne le quittons point dans ses cruels desseins,
Et sauvons, s'il se peut, César et les Romains.

ACTE III

SCÈNE I.

Cassius, Cimber, Décime, Cinna, Casca, les conjurés.

CASSIUS.

Enfin donc l'heure approche où Rome va renaître.
610 La maîtresse du monde est aujourd'hui sans maître :
L'honneur en est à vous, Cimber, Casca, Probus,
Décime. Encore une heure, et le tyran n'est plus.
Ce que n'ont pu Caton, et Pompée, et l'Asie,
Nous seuls l'exécutons, nous vengeons la patrie ;
615 Et je veux qu'en ce jour on dise à l'univers :
« Mortels, respectez Rome ; elle n'est plus aux fers. »

CIMBER.

Tu vois tous nos amis, ils sont prêts à te suivre,
A frapper, à mourir, à vivre s'il faut vivre ;
A servir le sénat dans l'un et l'autre sort,
620 En donnant à César, ou recevant la mort.

DÉCIME.

Mais d'où vient que Brutus ne paraît point encore,
Lui, ce fier ennemi du tyran qu'il abhorre ;
Lui qui prit nos serments, qui nous rassembla tous ;
Lui qui doit sur César porter les premiers coups ?
625 Le gendre de Caton tarde bien à paraître.
Serait-il arrêté ? César peut-il connaître...
Mais le voici. Grands dieux ! qu'il paraît abattu !

SCÈNE II.

Cassius, Brutus, Cimber, Casca, Décime, les conjurés.

CASSIUS.

Brutus, quelle infortune accable ta vertu ?
Le tyran sait-il tout ? Rome est-elle trahie ?

BRUTUS.

630   Non, César ne sait point qu'on va trancher sa vie.
Il se confie à vous.

DÉCIME.

                        Qui peut donc te troubler ?

BRUTUS.

Un malheur, un secret, qui vous fera trembler.

CASSIUS.

De nous ou du tyran, c'est la mort qui s'apprête :
Nous pouvons tous périr ; mais trembler, nous !

BRUTUS.

                                  Arrête :
635   Je vais t'épouvanter par ce secret affreux.
Je dois sa mort à Rome, à vous, à vos neveux,
Au bonheur des mortels ; et j'avais choisi l'heure,
Le lieu, le bras, l'instant où Rome veut qu'il meure :
L'honneur du premier coup à mes mains est remis ;
640   Tout est prêt : apprenez que Brutus est son fils.

CIMBER.

Toi, son fils !

CASSIUS.

          De César !

DÉCIME.

       Ô Rome !

BRUTUS.

                               Servilie
Par un hymen secret à César fut unie ;
Je suis de cet hymen le fruit infortuné.

CIMBER.

Brutus, fils d'un tyran !

CASSIUS.

Non, tu n'en es pas né ;
645 Ton coeur est trop romain.

BRUTUS.

Ma honte est véritable.
Vous, amis, qui voyez le destin qui m'accable,
Soyez par mes serments les maîtres de mon sort.
Est-il quelqu'un de vous d'un esprit assez fort,
650 Assez stoïque, assez au-dessus du vulgaire,
Pour oser décider ce que Brutus doit faire ?
Je m'en remets à vous. Quoi ! vous baissez les yeux !
Toi, Cassius, aussi, tu te tais avec eux !
Aucun ne me soutient au bord de cet abîme !
Aucun ne m'encourage, ou ne m'arrache au crime !
655 Tu frémis, Cassius et, prompt à t'étonner...

CASSIUS.

Je frémis du conseil que je vais te donner.

BRUTUS.

Parle.

CASSIUS.

Si tu n'étais qu'un citoyen vulgaire,
Je te dirais ; Va, sers, sois tyran sous ton père ;
Écrase cet État que tu dois soutenir ;
660 Rome aura désormais deux traîtres à punir :
Mais je parle à Brutus, à ce puissant génie,
A ce héros armé contre la tyrannie,
Dont le coeur inflexible, au bien déterminé,
Épura tout le sang que César t'a donné.
665 Écoute : tu connais avec quelle furie
Jadis Catilina menaça sa patrie ?

BRUTUS.

Oui.

CASSIUS.

Si, le même jour que ce grand criminel
Dut à la liberté porter le coup mortel ;
Si, lorsque le sénat eut condamné ce traître,
670 Catilina pour fils t'eût voulu reconnaître,
Entre ce monstre et nous forcé de décider,
Parle : qu'aurais-tu fait ?

BRUTUS.

Peux-tu le demander ?
Penses-tu qu'un instant ma vertu démentie
Eût mis dans la balance un homme et la patrie ?

CASSIUS.

675 Brutus, par ce seul mot ton devoir est dicté.
C'est l'arrêt du sénat, Rome est en sûreté.
Mais ; dis, sens-tu ce trouble, et ce secret murmure,
Qu'un préjugé vulgaire impute à la nature ?
Un seul mot de César a-t-il éteint dans toi
680 L'amour de ton pays, ton devoir et ta foi ?
En disant ce secret, ou faux ou véritable,
En t'avouant pour fils, en est-il moins coupable ?
En es-tu moins Brutus ? en es-tu moins Romain ?
Nous dois-tu moins ta vie, et ton coeur, et ta main ?
685 Toi, son fils ! Rome enfin n'est-elle plus ta mère ?
Chacun des conjurés n'est-il donc plus ton frère ?
Né dans nos murs sacrés, nourri par Scipion,
Élève de Pompée, adopté par Caton,
Ami de Cassius, que veux-tu davantage ?
690 Ces titres sont sacrés ; tout autre les outrage.
Qu'importe qu'un tyran, esclave de l'amour,
Ait séduit Servilie, et t'ait donné le jour ?
Laisse là les erreurs et l'hymen de ta mère ;
Caton forma tes moeurs, Caton seul est ton père ;
695 Tu lui dois ta vertu, ton âme est toute à lui ;
Brise l'indigne noeud que l'on t'offre aujourd'hui ;
Qu'à nos serments communs ta fermeté réponde ;
Et tu n'as de parents que les vengeurs du monde.

BRUTUS.

Et vous, braves amis, parlez, que pensez-vous ?

CIMBER.

700 Jugez de nous par lui, jugez de lui par nous.
D'un autre sentiment si nous étions capables,
Rome n'aurait point eu des enfants plus coupables.
Mais à d'autres qu'à toi pourquoi t'en rapporter ?
C'est ton coeur, c'est Brutus qu'il te faut consulter.

BRUTUS.

705 Eh bien ! à vos regards mon âme est dévoilée,
Lisez-y les horreurs dont elle est accablée.
Je ne vous cèle rien, ce coeur s'est ébranlé ;
De mes stoïques yeux des larmes ont coulé.
Après l'affreux serment que vous m'avez vu faire,
710 Prêt à servir l'État, mais à tuer mon père ;
Pleurant d'être son fils, honteux de ses bienfaits ;
Admirant ses vertus, condamnant ses forfaits ;
Voyant en lui mon père, un coupable, un grand homme,
Entraîné par César, et retenu par Rome ;
715 D'horreur et de pitié mes esprits déchirés
Ont souhaité la mort que vous lui préparez.
Je vous dirai bien plus ; sachez que je l'estime :
Son grand coeur me séduit, au sein même du crime ;
Et si sur les Romains quelqu'un pouvait régner,
720 Il est le seul tyran que l'on dût épargner.

Ne vous alarmez point ; ce nom que je déteste,
Ce nom seul de tyran l'emporte sur le reste.
Le sénat, Rome, et vous, vous avez tous ma foi :
Le bien du monde entier me parle contre un roi.
725   J'embrasse avec horreur une vertu cruelle ;
J'en frissonne à vos yeux, mais je vous suis fidèle.
César me va parler ; que ne puis-je aujourd'hui
L'attendrir, le changer, sauver l'État et lui !
Veuillent les immortels, s'expliquant par ma bouche,
730   Prêter à mon organe un pouvoir qui le touche !
Mais si je n'obtiens rien de cet ambitieux,
Levez le bras, frappez, je détourne les yeux ;
Je ne trahirai point mon pays pour mon père :
Que l'on approuve, ou non, ma fermeté sévère ;
735   Qu'à l'univers surpris cette grande action
Soit un objet d'horreur ou d'admiration ;
Mon esprit, peu jaloux de vivre en la mémoire,
Ne considère point le reproche ou la gloire ;
Toujours indépendant, et toujours citoyen,
740   Mon devoir me suffit, tout le reste n'est rien.
Allez, ne songez plus qu'à sortir d'esclavage.

CASSIUS.

Du salut de l'État ta parole est le gage.
Nous comptons tous sur toi, comme si dans ces lieux
Nous entendions Caton, Rome même, et nos dieux.

SCÈNE III.

BRUTUS.

745   Voici donc le moment où César va m'entendre ;
Voici ce Capitole où la mort va l'attendre ;
Épargnez-moi, grands dieux, l'horreur de le haïr !
Dieux, arrêtez ces bras levés pour le punir !
Rendez, s'il se peut, Rome à son grand coeur plus chère,
750   Et faites qu'il soit juste, afin qu'il soit mon père !
Le voici. Je demeure immobile, éperdu.
Ô mânes de Caton, soutenez ma vertu !

SCÈNE IV.

César, Brutus.

CÉSAR.

Eh bien ! que veux-tu ? Parle. As-tu le coeur d'un homme ?
Es-tu fils de César ?

BRUTUS.

Oui, si tu l'es de Rome.

CÉSAR.

755   Républicain farouche, où vas-tu t'emporter ?
N'as-tu voulu me voir que pour mieux m'insulter ?
Quoi ! tandis que sur toi mes faveurs se répandent,
Que du monde soumis les hommages t'attendent,
L'empire, mes bontés, rien ne fléchit ton coeur ?
760   De quel oeil vois-tu donc le sceptre ?

BRUTUS.

Avec horreur.

CÉSAR.

Je plains tes préjugés, je les excuse même.
Mais peux-tu me haïr ?

BRUTUS.

Non, César, et je t'aime.
Mon coeur par tes exploits fut pour toi prévenu,
Avant que pour ton sang tu m'eusses reconnu.
765   Je me suis plaint aux dieux de voir qu'un si grand homme
Fût à la fois la gloire et le fléau de Rome.
Je déteste César avec le nom de roi ;
Mais César citoyen serait un dieu pour moi ;
Je lui sacrifierais ma fortune et ma vie.

CÉSAR.

770   Que peux-tu donc haïr en moi ?

BRUTUS.

La tyrannie.
Daigne écouter les voeux, les larmes, les avis
De tous les vrais Romains, du sénat, de ton fils.
Veux-tu vivre en effet le premier de la terre,
Jouir d'un droit plus saint que celui de la guerre,
775   Être encor plus que roi, plus même que César ?

CÉSAR.

Eh bien ?

BRUTUS.

Tu vois la terre enchaînée à ton char ;
Romps nos fers, sois Romain, renonce au diadème.

CÉSAR.

Ah ! que proposes-tu ?

BRUTUS.

Ce qu'a fait Sylla même.
Longtemps dans notre sang Sylla s'était noyé ;
780   Il rendit Rome libre, et tout fut oublié.
Cet assassin illustre, entouré de victimes,
En descendant du trône effaça tous ses crimes.
Tu n'eus point ses fureurs, ose avoir ses vertus.
Ton coeur sut pardonner ; César, fais encor plus.
785   Que servent désormais les grâces que tu donnes ?
C'est à Rome, à l'État qu'il faut que tu pardonnes ;
Alors, plus qu'à ton rang nos coeurs te sont soumis ;
Alors tu sais régner ; alors je suis ton fils.
Quoi ! je te parle en vain ?

CÉSAR.

Rome demande un maître ;
790   Un jour à tes dépens tu l'apprendras peut-être.
Tu vois nos citoyens plus puissants que des rois :
Nos moeurs changent, Brutus ; il faut changer nos lois.
La liberté n'est plus que le droit de se nuire
Rome, qui détruit tout, semble enfin se détruire.
795   Ce colosse effrayant, dont le monde est foulé,
En pressant l'univers, est lui-même ébranlé.
Il penche vers sa chute, et contre la tempête
Il demande mon bras pour soutenir sa tête.
Enfin depuis Sylla nos antiques vertus,
800   Les lois, Rome, l'État, sont des noms superflus.
Dans nos temps corrompus, pleins de guerres civiles,
Tu parles comme au temps des Dèces, des Émiles.
Caton t'a trop séduit, mon cher fils ; je prévois
Que ta triste vertu perdra l'État et toi.
805   Fais céder, si tu peux, ta raison détrompée
Au vainqueur de Caton, au vainqueur de Pompée,
À ton père qui t'aime, et qui plaint ton erreur.
Sois mon fils en effet, Brutus ; rends-moi ton coeur ;
Prends d'autres sentiments, ma bonté t'en conjure ;
810   Ne force point ton âme à vaincre la nature.
Tu ne me réponds rien ? tu détournes les yeux ?

BRUTUS.

Je ne le connais plus. Tonnez sur moi, grands dieux !
César...

CÉSAR.

Quoi ! tu t'émeus ? ton âme est amollie ?

Ah ! mon fils...

BRUTUS.

Sais-tu bien qu'il y va de ta vie !
815 Sais-tu que le sénat n'a point de vrai Romain
Qui n'aspire en secret à te percer le sein ?
Que le salut de Rome, et que le tien le touche :
Ton génie alarmé te parle par ma bouche ;
Il me pousse, il me presse, il me jette à tes pieds.

Il se jette à ses genoux.

820 César, au nom des dieux, dans ton coeur oubliés ;
Au nom de tes vertus, de Rome, et de toi-même,
Dirai-je au nom d'un fils qui frémit et qui t'aime,
Qui te préfère au monde, et Rome seule à toi ?
Ne me rebute pas !

CÉSAR.

Malheureux, laisse-moi.
825 Que me veux-tu ?

BRUTUS.

Crois-moi, ne sois point insensible.

CÉSAR.

L'univers peut changer ; mon âme est inflexible.

BRUTUS.

Voilà donc la réponse ?

CÉSAR.

Oui, tout est résolu.
Rome doit obéir quand César a voulu.

BRUTUS, d'un air consterné.

Adieu, César.

CÉSAR.

Eh quoi ! d'où viennent tes alarmes ?
830 Demeure encor, mon fils. Quoi ! tu verses des larmes !
Quoi ! Brutus peut pleurer ! Est-ce d'avoir un roi ?
Pleures-tu les Romains ?

BRUTUS.

Je ne pleure que toi.
Adieu, te dis-je.

CÉSAR.

Ô Rome ! ô rigueur héroïque !
Que ne puis-je à ce point aimer ma république !

SCÈNE V.

César, Dolabella, Romains.

DOLABELLA.

835 Le sénat par ton ordre au temple est arrivé :
On n'attend plus que toi, le trône est élevé.
Tous ceux qui t'ont vendu leur vie et leurs suffrages
Vont prodiguer l'encens au pied de tes images.
J'amène devant toi la foule des Romains :
840 Le sénat va fixer leurs esprits incertains ;
Mais si César croyait un citoyen qui l'aime,
Nos présages affreux, nos devins, nos dieux même,
César différerait ce grand événement.

CÉSAR.

Quoi ! lorsqu'il faut régner, différer d'un moment !
845 Qui pourrait m'arrêter, moi ?

DOLABELLA.

                      Toute la nature
Conspire à t'avertir par un sinistre augure.
Le ciel, qui fait les rois, redoute ton trépas.

CÉSAR.

Va, César n'est qu'un homme, et je ne pense pas
Que le ciel de mon sort à ce point s'inquiète,
850 Qu'il anime pour moi la nature muette,
Et que les éléments paraissent confondus,
Pour qu'un mortel ici respire un jour de plus.
Les dieux, du haut du ciel, ont compté nos années ;
Suivons sans reculer nos hautes destinées.
855 César n'a rien à craindre.

DOLABELLA.

                    Il a des ennemis
Qui sous un joug nouveau sont à peine asservis :
Qui sait s'ils n'auraient point conspiré leur vengeance ?

CÉSAR.

Ils n'oseraient.

DOLABELLA.

              Ton coeur a trop de confiance.

CÉSAR.

Tant de précautions contre mon jour fatal
860 Me rendraient méprisable, et me défendraient mal.

DOLABELLA.

Pour le salut de Rome il faut que César vive ;
Dans le sénat au moins permets que je te suive.

CÉSAR.

Non ; pourquoi changer l'ordre entre nous concerté ?
N'avançons point, ami, le moment arrêté
865   Qui change ses desseins découvre sa faiblesse.

DOLABELLA.

Je te quitte à regret. Je crains, je le confesse :
Ce nouveau mouvement dans mon coeur est trop fort.

CÉSAR.

Va, j'aime mieux mourir que de craindre la mort !
Allons.

SCÈNE VI.
Dolabella, Romains.

DOLABELLA.

Chers citoyens, quel héros, quel courage
870   De la terre et de vous méritait mieux l'hommage ?
Joignez vos voeux aux miens, peuples qui l'admirez ;
Confirmez les honneurs qui lui sont préparés ;
Vivez pour le servir, mourez pour le défendre...
Quelles clameurs, ô ciel ! quels cris se font entendre !

LES CONJURÉS, derrière le théâtre.

875   Meurs, expire, tyran ! Courage, Cassius !

DOLABELLA.

Ah ! courons le sauver.

SCÈNE VII.

Cassius, un poignard à la main ;
Dolabella, Romains.

CASSIUS.

C'en est fait, il n'est plus.

DOLABELLA.

Peuples, secondez-moi ; frappons, perçons ce traître.

CASSIUS.

Peuples, imitez-moi, vous n'avez plus de maître.
Nation de héros, vainqueurs de l'univers,
880   Vive la liberté ! ma main brise vos fers.

DOLABELLA.

Vous trahissez, Romains, le sang de ce grand homme ?

CASSIUS.

J'ai tué mon ami pour le salut de Rome !
Il vous asservit tous, son sang est répandu.
Est-il quelqu'un de vous de si peu de vertu,
885   D'un esprit si rampant, d'un si faible courage,
Qu'il puisse regretter César et l'esclavage ?
Quel est ce vil Romain qui veut avoir un roi ?
S'il en est un, qu'il parle, et qu'il se plaigne à moi.
Mais vous n'applaudissez, vous aimez tous la gloire.

ROMAINS.

890   César fut un tyran, périsse sa mémoire !

CASSIUS.

Maîtres du monde entier, de Rome heureux enfants,
Conservez à jamais ces nobles sentiments.
Je sais que devant vous Antoine va paraître :
Amis, souvenez-vous que César fut son maître,
895   Qu'il a servi sous lui, dès ses plus jeunes ans,
Dans l'école du crime et dans l'art des tyrans.
Il vient justifier son maître et son empire ;
Il vous méprise assez pour penser vous séduire.
Sans doute il peut ici faire entendre sa voix :
900   Telle est la loi de Rome, et j'obéis aux lois.
Le peuple est désormais leur organe suprême,
Le juge de César, d'Antoine, de moi-même.
Vous rentrez dans vos droits indignement perdus ;
César vous les ravit, je vous les ai rendus :
905   Je les veux affermir. Je rentre au Capitole ;
Brutus est au sénat ; il m'attend, et j'y vole.
Je vais avec Brutus, en ces murs désolés,
Rappeler la justice, et nos dieux exilés ;
Étouffer des méchants les fureurs intestines,

910 Et de la liberté réparer les ruines.
Vous, Romains, seulement consentez d'être heureux.
Ne vous trahissez pas, c'est tout ce que je veux ;
Redoutez tout d'Antoine, et surtout l'artifice.

ROMAINS.

S'il vous ose accuser, que lui-même il périsse !

CASSIUS.

915 Souvenez-vous, Romains, de ces serments sacrés.

ROMAINS.

Aux vengeurs de l'État nos coeurs sont assurés.

SCÈNE VIII.
Antoine, Romains, Dolabella.

Le fond du théâtre s'ouvre ; des licteurs apportent le corps de César couvert d'une robe sanglante ; Antoine descend de la tribune, et se jette à genoux auprès du corps.

Un ROMAIN.

Mais Antoine paraît.

Autre ROMAIN.

Qu'osera-t-il nous dire ?

Un ROMAIN.

Ses yeux versent des pleurs ; il se trouble, il soupire.

Un autre.

Il aimait trop César.

ANTOINE, montant à la tribune aux harangues.

Oui, je l'aimais, Romains ;
920 Oui, j'aurais de mes jours prolongé ses destins.
Hélas ! Vous avez tous pensé comme moi-même ;
Et lorsque de son front ôtant le diadème,
Ce héros à vos lois s'immolait aujourd'hui,
Qui de vous, en effet, n'eût expiré pour lui ?
925 Hélas ! Je ne viens point célébrer sa mémoire ;
La voix du monde entier parle assez de sa gloire ;
Mais de mon désespoir ayez quelque pitié,
Et pardonnez du moins des pleurs à l'amitié.

Un ROMAIN.

Il les fallait verser quand Rome avait un maître.
930 César fut un héros ; mais César fut un traître.

Autre ROMAIN.

Puisqu'il était tyran, il n'eut point de vertus.

Un troisième.

Oui, nous approuvons tous Cassius et Brutus.

ANTOINE.

Contre ses meurtriers je n'ai rien à vous dire ;
C'est à servir l'État que leur grand coeur aspire.
935 De votre dictateur ils ont percé le flanc :
Comblés de ses bienfaits, ils sont teints de son sang.
Pour forcer des Romains à ce coup détestable,
Sans doute il fallait bien que César fût coupable ;
Je le crois. Mais enfin César a-t-il jamais
940 De son pouvoir sur vous appesanti le faix ?
A-t-il gardé pour lui le fruit de ses conquêtes ?
Des dépouilles du monde il couronnait vos têtes.
Tout l'or des nations qui tombaient sous ses coups,
Tout le prix de son sang fut prodigué pour vous.
945 De son char de triomphe il voyait vos alarmes :
César en descendait pour essuyer vos larmes.
Du monde qu'il soumit vous triomphez en paix,
Puissants par son courage, heureux par ses bienfaits.
Il payait le service, il pardonnait l'outrage.
950 Vous le savez, grands dieux ! vous dont il fut l'image ;
Vous, dieux, qui lui laissiez le monde à gouverner,
Vous savez si son coeur aimait à pardonner !

Un ROMAIN.

Il est vrai que César fit aimer sa clémence.

ANTOINE.

Hélas ! si sa grande âme eût connu la vengeance,
955 Il vivrait, et sa vie eût rempli nos souhaits.
Sur tous ses meurtriers il versa ses bienfaits ;
Deux fois à Cassius il conserva la vie.
Brutus... où suis-je ? ô ciel ! ô crime ! ô barbarie !
Chers amis, je succombe ; et mes sens interdits...
960 Brutus ; son assassin !... ce monstre était son fils.

ROMAINS.

Ah, dieux !

ANTOINE.

            Je vois frémir vos généreux courages ;
Amis, je vois les pleurs qui mouillent vos visages.
Oui, Brutus est son fils ; mais vous qui m'écoutez,
Vous étiez ses enfants dans son coeur adoptés.
965 Hélas ! si vous saviez sa volonté dernière !

ROMAINS.

Quelle est-elle ? parlez.

ANTOINE.

Rome est son héritière.
Ses trésors sont vos biens ; vous en allez jouir :
Au delà du tombeau César veut vous servir.
C'est vous seuls qu'il aimait ; c'est pour vous qu'en Asie
970 Il allait prodiguer sa fortune et sa vie.
« Ô Romains, disait-il, peuple-roi que je sers,
Commandez à César, César à l'univers. »
Brutus ou Cassius eût-il fait davantage ?

ROMAINS.

Ah ! nous les détestons. Ce doute nous outrage.

Un ROMAIN.

975 César fut en effet le père de l'État.

ANTOINE.

Votre père n'est plus : un lâche assassinat
Vient de trancher ici les jours de ce grand homme,
L'honneur de la nature et la gloire de Rome.
Romains, priverez-vous des honneurs du bûcher
980 Ce père, cet ami, qui vous était si cher ?
On l'apporte à vos yeux.

ROMAINS.

Ô spectacle funeste !

ANTOINE.

Du plus grand des Romains voilà ce qui vous reste ;
Voilà ce dieu vengeur, idolâtré par vous,
Que ses assassins même adoraient à genoux ;
985 Qui ; toujours votre appui dans la paix, dans la guerre,
Une heure auparavant faisait trembler la terre ;
Qui devait enchaîner Babylone à son char :
Amis, en cet état connaissez-vous César ?
Vous les voyez, Romains, vous touchez ces blessures,
990 Ce sang qu'ont sous vos yeux versé des mains parjures.
Là, Cimber l'a frappé ; là, sur le grand César
Cassius et Décime enfonçaient leur poignard.
Là, Brutus éperdu, Brutus l'âme égarée,
A souillé dans ses flancs sa main dénaturée.
995 César, le regardant d'un oeil tranquille et doux,
Lui pardonnait encore en tombant sous ses coups.
Il l'appelait son fils ; et ce nom cher et tendre
Est le seul qu'en mourant César ait fait entendre :
« Ô mon fils ! » disait-il.

Un ROMAIN.

Ô monstre que les dieux
1000 Devaient exterminer avant ce coup affreux !

Autres Romains en regardant le corps dont ils sont proches.

Dieux ! son sang coule encore.

ANTOINE.

Il demande vengeance,
Il l'attend de vos mains et de votre vaillance.
Entendez-vous sa voix ? Réveillez-vous, Romains ;
Marchez, suivez-moi tous contre ses assassins :
1005 Ce sont là les honneurs qu'à César on doit rendre.
Des brandons du bûcher qui va le mettre en cendre,
Embrasons les palais de ces fiers conjurés
Enfonçons dans leur sein nos bras désespérés.
Venez, dignes amis ; venez, vengeurs des crimes,
1010 Au dieu de la patrie immoler ces victimes.

ROMAINS.

Oui, nous les punirons ; oui, nous suivrons vos pas.
Nous jurons par son sang de venger son trépas.
Courons.

ANTOINE à Dolabella.

Ne laissons pas leur fureur inutile ;
Précipitons ce peuple inconstant et facile :
1015 Entraînons-le à la guerre ; et, sans rien ménager,
Succédons à César en courant le venger.

FIN